BEI GRIN MACHT SICH IHR WISSEN BEZAHLT

- Wir veröffentlichen Ihre Hausarbeit,
  Bachelor- und Masterarbeit

- Ihr eigenes eBook und Buch -
  weltweit in allen wichtigen Shops

- Verdienen Sie an jedem Verkauf

Jetzt bei www.GRIN.com hochladen und kostenlos publizieren

Marco Nadorp

Reflexion zur Anwendung des Testverfahrens ELFE 1-6

GRIN Verlag

Bibliografische Information der Deutschen Nationalbibliothek:

Die Deutsche Bibliothek verzeichnet diese Publikation in der Deutschen National-
bibliografie; detaillierte bibliografische Daten sind im Internet über http://dnb.d-
nb.de/ abrufbar.

Impressum:

Copyright © 2013 GRIN Verlag GmbH
Druck und Bindung: Books on Demand GmbH, Norderstedt Germany
ISBN: 978-3-656-52555-4

Dieses Buch bei GRIN:

http://www.grin.com/de/e-book/263205/reflexion-zur-anwendung-des-testverfah-
rens-elfe-1-6

GRIN - Your knowledge has value

Der GRIN Verlag publiziert seit 1998 wissenschaftliche Arbeiten von Studenten, Hochschullehrern und anderen Akademikern als eBook und gedrucktes Buch. Die Verlagswebsite www.grin.com ist die ideale Plattform zur Veröffentlichung von Hausarbeiten, Abschlussarbeiten, wissenschaftlichen Aufsätzen, Dissertationen und Fachbüchern.

Besuchen Sie uns im Internet:

http://www.grin.com/

http://www.facebook.com/grincom

http://www.twitter.com/grin_com

Das Testverfahren

Das Testverfahren „ELFE 1-6" ist ein normierter Test, der zur Überprüfung des Leseverständnisses von Erst- bis Sechstklässlern, insbesondere jedoch von Kindern des Grundschulbereichs, dient. Die Normen basieren auf einer Untersuchung von 4983 Kindern aus 12 Bundesländern und liegen in Form von z- und T-Werten, Prozenträngen sowie Prozentrangbändern vor. Der Test erfüllt die Testgütekriterien Objektivität, Reliabilität und Validität. Um eine zielgenaue Erkennung von Defiziten zu ermöglichen, wird das Leseverständnis in der Papierversion auf drei verschiedenen Ebenen erfasst, die im Test durch drei verschiedene Testabschnitte gekennzeichnet sind: das Wortverständnis, das Satzverständnis sowie das Textverständnis.

Das Wortverständnis wird mittels einer Bild-Wortzuordnung ermittelt. Die Schülerinnen und Schüler sollen das Wort unterstreichen, welches den Gegenstand auf dem nebenstehenden Bild beschreibt. Es ist beispielsweise ein Fahrrad abgebildet, dementsprechend muss das Wort „Fahrrad" unterstrichen werden.

Das Satzverständnis wird im zweiten Abschnitt des Tests ermittelt. Die Schülerinnen und Schüler sollen einen Satzteil bestimmen der in die Lücke eines Satzes passt. Zum Beispiel: „Hannah macht Urlaub (von dem / auf dem / aus dem / mit dem / zu dem) Bauernhof."

Im dritten Teil des Tests geht es nun um das Textverständnis. Dort werden kurze Texte als Grundlage für darauf folgende Fragen mit vier Antwortmöglichkeiten gegeben.

Einarbeitung in das Testverfahren und Durchführung

Die Einarbeitung in das Testverfahren fiel mir leichter als zuvor gedacht. Die Anleitung konnte alle Unklarheiten zur Durchführung des Tests durch eine genaue Verlaufsplanung beseitigen. Bei der Anwendung des Tests ist darauf zu achten, dass die Instruktion durch den Testleiter exakt nach dem vorgegebenen Muster erfolgt, um immer die gleichen Voraussetzungen für die Prüflinge zu schaffen und somit den Standard des Tests zu erhalten. In der Durchführung kam mir dieser Punkt befremdlich vor, weil die Schülerinnen und Schüler gemerkt haben, dass dies nicht meine frei gewählten Worte, sondern ein vorgegebener Text, waren. Nachdem die zu testenden Schülerinnen und Schüler die Instruktion erhalten und

1

Beispielaufgaben gemeinsam gelöst haben, wurde mit der Bearbeitung des ersten Testteils, der sich auf das Wortverständnis bezog, begonnen. Hierzu hatten die Schülerinnen und Schüler genauso wie bei der Bearbeitung der Satzverständnisaufgabe drei Minuten Zeit. Für die Textverständnisaufgabe gibt der Test den Erst- bis Viertklässlern eine Bearbeitungszeit von sieben Minuten vor. Auf Wunsch der Kinder haben wir die Zeitvorgabe vor der Bearbeitung der jeweiligen Aufgabe transparent gemacht.

Auf eventuelle Fragen durfte ich als Testleiter während des gesamten Tests nur antworten, sofern sie sich auf die Form der Aufgabenbearbeitung, nicht aber auf inhaltliche Schwierigkeiten, beziehen. In unserer Testphase wurden keine inhaltlichen Fragen gestellt. Zwei der Schülerinnen und Schüler hatten zur Bearbeitungsweise des Satzverständnisses Fragen, die Aufgaben zum Wortverständnis und Textverständnis waren für alle Kinder nach dem Anwendungsbeispiel verständlich.

Die Testdurchführung verlief bis auf eine Unterbrechung reibungslos und nach dem vorgegebenen Muster. Eine unsichere Schülerin versuchte, Testergebnisse bei ihren Sitznachbarn abzuschauen. Daraufhin unterbrachen wir die Arbeitsphase und setzten alle Schülerinnen und Schüler an einen einzelnen Tisch und setzten die Bearbeitung fort. Die Schülerinnen und Schüler wurden sonst nicht durch äußere Einflüsse gestört, die Testumgebung entsprach den vorgegebenen Normen.

Auswertung der Ergebnisse

Die Computerversion des Tests wertet diesen automatisch aus. Die Papierversion legt zugrunde, dass eine Aufgabe als gelöst gilt, sobald die korrekte Lösung eindeutig ersichtlich markiert ist. Dies kann nicht nur durch das Unterstreichen der korrekten Lösung, sondern beispielsweise auch durch das Durchstreichen aller falschen Lösungen geschehen, auch wenn die Instruktion anders lautete. Die Anzahl der richtigen Lösungen ergeben den Rohwert. Aus ihm lassen sich mittels der angehängten Auswertungstabelle die z- und T-Werte sowie der Prozentrang und das Prozentrangband für die drei Ebenen Wortverständnis, Satzverständnis und Textverständnis ablesen. Auch ein zusammenfassendes Gesamtergebnis ist anhand einer Tabelle ersichtlich. Die erhaltenen T-Werte der Auswertung können in einen Verteilungsstrahl eingezeichnet werden, der es ermöglicht, auf einen Blick das Testergebnis zu beurteilen und eventuelle Defizite zu erkennen.

Anwendbarkeit des Testverfahrens im schulischen Kontext

Der Leseverständnistest „ELFE 1-6" ist meiner Meinung nach gut geeignet, um Defizite der Schülerinnen und Schüler aufzudecken. Der Test erlaubt es, die drei Testebenen differentiell auszuwerten. Beim Wortverständnistest kann die Auswertung durch die Anzahl korrekter und falscher Lösungen mit der Silbenanzahl der Wörter differenziert werden. Beim Satzverständnistest kann zwischen Substantiven, Verben, Adjektiven, Präpositionen und Konjunktionen differenziert werden. Das Textverständnis lässt sich nach isolierter Informationsentnahme, anaphorischer Bezüge und Inferenzbildung abstufen. Möchte man eine differenzielle Auswertung durchführen, empfiehlt es sich, den Test ohne Zeitvorgabe durchzuführen. Dann dürfen jedoch keine Normwerte errechnet werden. Die Computerversion verfügt neben den drei oben genannten Ebenen zusätzlich auch über die Lesegeschwindigkeit als vierte Testebene.

Für den Schulalltag eignet sich der Test gut, da er die Leistungsmessung von Schulklassen und einzelner Schüler bezüglich der Diagnostik von Lese-Rechtschreibstörungen in kurzer Zeit und wie oben beschrieben sehr differenziert ermöglicht.

Beispiel eines Testergebnisses

Wir haben insgesamt fünf Kinder getestet, von denen ein Kind nur Deutsch zu Hause spricht. Die Testergebnisse zeigten bei einem Kind deutliche Probleme in allen Bereichen des Leseverständnisses auf. Sie hat noch keinen Sichtwortschatz aufgebaut und las synthetisierend. Durch ihre Unsicherheit versuchte sie zu Beginn des Tests ihre Ergebnisse mit ihrem Sitzpartner zu vergleichen. Auch die Instruktion – insbesondere zu der Satzverständnisaufgabe – bereitete ihr Schwierigkeiten. Ihr Gesamtergebnis liegt nicht signifikant über dem Prozentrang von 10%, sodass ein Hinweis auf eine Lesestörung vorliegt. Als pädagogische Konsequenz bedarf es einer genaueren Beobachtung und Analyse einer LRS und bei einer Bestätigung gilt es, die entsprechenden Maßnahmen und Förderung sicherzustellen. Sollte sich der Verdacht nicht erhärten, sollte in jedem Fall eine intensive Lese- und Schreibförderung erfolgen.